Compáralos

Osos

Tracey Crawford

Heinemann Library
Chicago, Illinois

Photo research by Tracy Cummins, Tracey Engel, and Ruth Blair
Designed by Jo Hinton-Malivoire
Translated into Spanish and produced by DoubleO Publishing Services
Printed and bound in China by South China Printing Company
10 09 08 07 06
10 9 8 7 6 5 4 3 2 1

Library of Congress Cataloging-in-Publication Data
Crawford, Tracey.
  [Bears. Spanish]
  Osos / Tracey Crawford.
    p. cm. -- (Compáralos)
  ISBN 1-4034-8695-6 (hb - library binding) -- ISBN 1-4034-8703-0 (pb)
  1. Bears--Juvenile literature. I. Title.
  QL737.C27C73518 2007
  599.78--dc22
                              2006028250

Acknowledgments
The author and publisher are grateful to the following for permission to reproduce copyright material: Alamy pp. **9** (John Schwieder), **10** (Garry DeLong), **13** (Balan), **17** (Winston Fraser); Corbis pp. **4** (bird, Arthur Morris), **5** (A. & S. Carey/zefa), **7** (Gunter Marx Photography), **14** (Ralph A. Clevenger), **15** (Keren Su), **18** (Michael DeYoung), **22** (polar bear, David E. Myers/zefa); Howie Garber p. **19**; Getty Images pp. **4** (fish), **6** (PhotoDisc), **11** (Roy Toft), **16** (Andy Rouse), **20** (Eastcott Momatiuk), **21** (Hans Strand); Naturepl.com p. **12**; Science Photo Library p. **22** (Sun bear, Art Wolfe); Carlton Ward p. **4** (snake, frog).

Cover photograph of a giant panda reproduced with permission of Corbis/Tim Davis and a brown bear reproduced with permission of Corbis/Royalty Free. Back cover photograph of a polar bear reproduced with permission of Corbis/Michael DeYoung.

Every effort has been made to contact copyright holders of any material reproduced in this book.
Any omissions will be rectified in subsequent printings if notice is given to the publisher.

Osos

Hay muchos tipos de animales.

Los osos son un tipo de animal.

Todos los osos tienen pelaje.

Todos los osos tienen garras y zarpas.

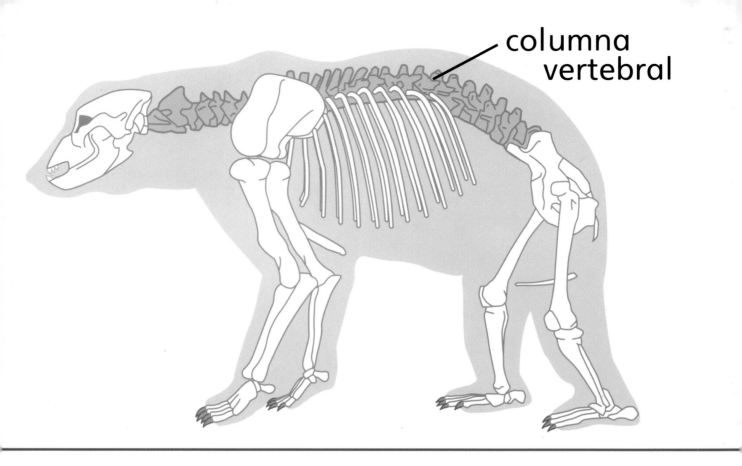

columna
vertebral

Todos los osos tienen una
columna vertebral.

Todas las crías de oso toman
leche de su mamá.

Todos los osos caminan en cuatro patas.

Todos los osos pueden pararse sobre
dos patas.

Muchos osos duermen durante el invierno.

Pero no este oso.

Algunos osos comen peces.

Pero no estos osos.

Algunos osos son grandes.

Algunos osos son pequeños.

Algunos osos nadan.

Algunos osos trepan.

Cada oso es diferente.

Cada oso es especial.

Osos: datos

El pelaje de los osos polares tiene dos capas. Así mantienen el calor.

El oso malayo pasa la mayor parte del tiempo en los árboles. Tienen garras largas. Así pueden trepar.

Glosario ilustrado

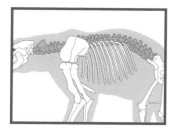

columna vertebral la parte del esqueleto que va desde la cabeza a la cola

Índice

Nota a padres y maestros

Osos presenta a los niños la diversidad de este grupo animal, así como las características que comparten todos los osos. El texto fue elegido cuidadosamente con la ayuda de una experta en lecto-escritura, de modo que los lectores principiantes puedan leer con éxito tanto de forma independiente como con cierta ayuda. Se consultó a científicos para que el contenido fuera interesante y acertado.

Al mostrar la importancia de la diversidad en la fauna, *Osos* invita a los niños a celebrar la diversidad en sus vidas. El final de este libro afirma que cada oso es un animal único y especial. Emplee esta afirmación para conversar sobre cómo cada persona es también única y especial. Puede apoyar las destrezas de lecto-escritura para no ficción de los niños ayudándolos a usar la tabla de contenido, el glosario ilustrado y el índice.